中华中医昆仑

赵炳南学术评传

张镜源◎主编

中国盲文出版社

图书在版编目（CIP）数据

赵炳南学术评传（大字版）/ 张镜源主编. —北京：中国盲文出版社，2015.11
（中华中医昆仑）
ISBN 978-7-5002-6593-1

Ⅰ.①赵… Ⅱ.①张… Ⅲ.①赵炳南（1899～1984）—评传 Ⅳ.①K826.2

中国版本图书馆 CIP 数据核字（2015）第 282849 号

赵炳南学术评传

主　　编：张镜源
责任编辑：顾　盛
出版发行：中国盲文出版社
社　　址：北京市西城区太平街甲 6 号
邮政编码：100050
印　　刷：北京华联印刷有限公司
经　　销：新华书店
开　　本：700×1000　1/16
字　　数：42 千字
印　　张：6.5
版　　次：2015 年 12 月第 1 版　2015 年 12 月第 1 次印刷
书　　号：ISBN 978-7-5002-6593-1/K・354
定　　价：12.00 元
销售服务热线：（010）83190297　83190289　83190292

丛书编委会

前　言

中医药是中华民族的伟大创造，是世界医学宝库中的夺目瑰宝，数千年来为中华民族的繁衍昌盛作出了巨大的不可磨灭的贡献，至今仍是中国医药卫生事业不可分割的重要组成部分，在维护民族体魄康健、促进经济社会发展中发挥着不可替代的作用。

中医药学，是中华传统文化和科技文明的结晶，是勤劳聪慧的中华儿女在几千年生产生活实践中，在与疾病作斗争的过程中，创造的独具特色的医学科学体系。它有着浓郁的民族特色、深厚的文化底蕴和丰富的哲学内涵。经过一代又一代中医药传人、一辈又一辈名医大家的实践探索、薪火传承、总结完善、创新发展，逐步形成了系统的理论体系、独特的诊疗方法、丰富的医学内容、实用的制药技术。具有疗效确切、用药安全、应诊灵活、普适简廉和预防保健作用显著的巨大优势，在世界医学之林独树一帜，为人类的文明进步与医疗保健事业，已经并正在作出积极的贡献。

为了弘扬中华民族传统文化，彰显中医药学家的丰功伟绩，当代中医药发展研究中心与中国文学艺术界联合会、国家中医药管理局新闻办公室、中华中医药学会、中国中医科学院、北京中医药大学、世界中医药学会联合会等精诚合作，在国家中医药管理局的支持和指导下，为中华近现代百年来贡献卓著、深受敬仰的150位中医药学家，编撰出版了这部大型传记丛书。丛书采用评传体裁，记载他们的生平事迹、医术专长、学术思想、传承教育、医风医德、养生之道和突出贡献，使这些宝贵的医学成就和精神财富发扬光大，千古流芳。

丛书取名《中华中医昆仑》。昆仑山，被尊为“万山之祖”，柱西北而瞰东南，立中国而凭世界，凌驾乾坤，巍然屹立。以其高峻豪迈、绵延起伏的磅礴气势，寓意中华中医药学历史悠久、博大精深和永不衰竭；以其挺拔雄伟、高耸入云的恢弘气魄，彪炳一代中医药学家的丰功伟绩、杰出贡献和不朽勋业。

丛书入选传主，从全国范围推荐遴选，遍及中医药界各个领域。有临床家、理论家、药学家、教育家、医史文献学家；有名师亲授、世医家教、学派传人、院校毕业和自学成才者；有师徒并驾、父子齐名和伉俪联袂者。他们学术造诣深厚、诊疗技术精湛、临床经验丰富、学科地位崇高、科研成果丰硕、医风医德高尚、国内外影响较大，从医学理论到临床实践，为中医药事业的传承和发展作出了突出贡献，是近现代百年来中华中医药界的杰出代表。

丛书的出版，对于弘扬中华文化，振兴中医药事业，造就中医药人才，普及中医药知识，具有重要的现实意义和深远的历史意义。这是一项开创性工作，填补了我国为著名中医药学家大规模撰写传记的空白；也是一项抢救性工作，因入选传主已仙逝过半，许多亲历、亲见、亲闻的史料日见散逸，将之收集整理、编撰成书，功垂后世、利国利民；更是一项承前启后的工作，总结传主经验，传承中医药伟业，继往开来，光耀世界医学之林。这部医文结合，富蕴历史性、学术性、文学性和实用性的鸿篇巨制，对医疗、卫生、科研、教育及全球关注中华中医药文化的各界人士，都有重要的参考和阅读价值。

丛书的编撰出版，是一项巨大的中医药文

化建设工程，在策划、撰写、编辑、出版过程中，自始至终得到了国家有关领导、政府部门及社会各界人士的关心和支持。国家中医药管理局高度重视，并组织专家对全书进行终审；数百名专家、学者亲临指导，参与规划；有关省、市、自治区卫生厅、局、中医局（处）给予大力帮助；传主及其亲属、弟子热情支持、密切配合；撰稿人深情满怀、辛勤笔耕；编审专家尽心竭力、精工细琢；关爱中医药事业的企业家热心公益、慷慨资助；全体工作人员不辞辛劳、无私奉献，这一切使丛书得以顺利出版。对此，我们深表谢意。

由于时间紧迫和资料搜集困难，加之水平有限，难免有疏误之处，敬请广大读者批评指正。

中华中医药学，历史悠久，源远流长，发端于远古，奔向于未来。百年对于历史，不过是短暂的瞬间；百人对于万众，不过是沧海一粟。然本丛书所记载的百年百人，则无疑是波澜壮阔的中医药发展史上辉煌的篇章和光芒闪烁的璀璨星辰。

张镜源

目录

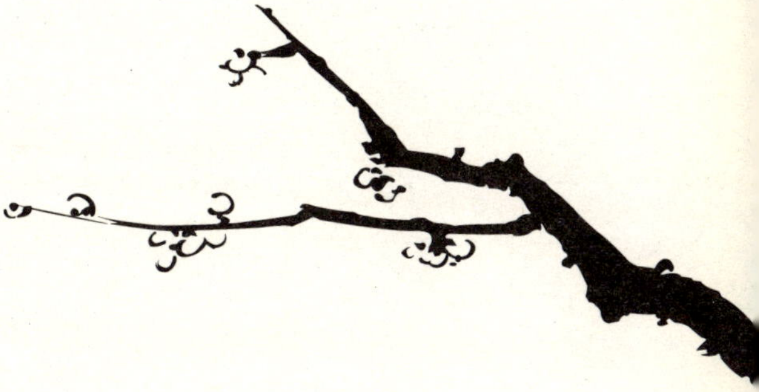

学习贵在专，师古更创新；宁要会不用，不要用不会。

取长补已短，持恒到耄耋；知识不停留，经验不带走。

——赵炳南

赵炳南（1899—1984），著名中医皮外科临床家，原名赵德明，回族，伊斯兰教经名（即回回名）伊德雷斯，祖籍山东德州，出生于河北宛平（今属北京市）一个贫苦家庭。1912年，学习中医外科。1920年，自设赵炳南医馆，悬壶于北京西交民巷。年方弱冠，誉满京城。

赵炳南曾任北平市中医公会外科委员、华北国医学院外科教授等职。中华人民共和国成立后先后担任北京中医医院皮外科主任、副院长、名誉院长，北京市中医研究所所长，北京第二医学院（现首都医科大学）中医系教授，中华医学会及其外科学会及皮科学会委员，中华全国中医学会副理事长，北京中医学会理事长。被推选为北京市人民政府委员，第二、三、四、五、七届北京市人大代表，北京市第七届人大常委会委员，第四、五届全国人大代表，以及北京市伊斯兰教协会副会长、中国伊斯兰教协会理事。多次受到毛泽东主席、周恩来总理、朱德委员长的接见。

赵炳南是我国现代中医皮外学科的奠基人和开拓者，现代中西医结合的积极倡导者和身体力行者。他通晓中医经典著作，博观古今而约取，厚积德才而薄发。他继承前人，勤于实践，终身学习，善于思考，尤善吸取百家之长并研究创新。其创新源于古训，而超越古人。创立了中医皮肤科疾病辨证论治体系，创造性地提出了“湿滞”、“顽湿”、“血燥”等学说；研发了拔膏、熏药、黑布药膏等独特疗法。擅长治疗恶疮、痈疽、顽癣、瘰疬、瘘管等疑难顽症。晚年则专门致力于皮肤病的治疗与研究，整体治疗观在临床治疗中更加突出，治疗皮肤病的学问和技术炉火纯青。

赵炳南著有《赵炳南临床经验集》和《简明中医皮肤病学》。这两部著作形成了完整的中医皮肤科辨证论治体系，是现代中医皮肤科学的奠基著作，也是反映赵炳南学术思想的代表性著作。《赵炳南临床经验集》一书全面翔实地辑录了赵炳南的大量临床病案及经验，荣获1978年全国科学大会奖，成为当代中医皮肤科学的扛鼎之作。

赵炳南还先后参加《中西医结合外科临床手册》、《实用皮肤科学》、《中医外科学》等编审工作，对我国中医皮肤科学的发展有深远的影响，为祖国中医皮肤科事业的发展作出了巨大贡献。

赵炳南人品高贵，医德高尚，对平民百姓特别是贫穷患者怀有深厚的情感；他一生乐善好施，为学校、部队、诊所、清真寺等社会公共事业做了大量善举；他一生助人为乐，慷慨地帮助生活困窘的患者、同事，甚至素不相识的人；他一生大公无私，将毕生经验毫无保留地传授给下一代；他德高望重，医术精湛，每起沉疴，声名远播，不愧为现代中医皮外科的一代名师。

苦难童年　饱受磨难

赵炳南自幼身体羸弱多病，5岁那年出天花，高烧昏迷，几天睁不开眼。疹子出全，可谓漫如行蚁，体无完肤。家里没钱就医，听别人说："别瞧这么厉害，要是出得顺，七浆，八落，九回头。"在万般无奈之时，只好请一墙之隔的老邻居王二大妈诊视。提起王二大妈，村子里无人不知，无人不晓。她老人家虽不识文墨，但粗懂医技，多知多会，大家尊称她"老妈妈大全"。经王二大妈指点，赵母上街买了些化毒丹之类的小药，服后很快好转，却落下一身小疤，出门上街，乡亲看见，都叫他"麻孩儿"。

6岁那年，赵炳南闹了一场红白痢疾，每

天拉肚子，一病就是一年。家里穷得连手纸都买不起，只好把破旧衣服撕成片当手纸，使脏了，用水洗净晾干，以后再用。还是王二大妈出了个偏方，用无花果加蜜蒸熟，每天服数枚，才把病治好。

7岁那年，赵炳南患了场疟疾，一闹也是近一年。家乡泊岸边有块长条石，那是老人下棋、小孩儿玩耍的地方。还是因没钱治病，夏天发烧时，赵炳南就躺到条石上冰身子。发冷了，就去晒太阳。只要他一躺到这长条石上，邻居就知道这孩子又病了。童年的赵炳南体弱多病，骨瘦如柴，常常是这病还没好呢，那病又跟着来了。邻居大爷大妈爷爷奶奶们常叹气道：“老赵家这孩子要是能养得活啊，可真是太不容易啦！”

面对这个苦命多病的孩子，母亲央求王二大妈说：“您别瞧着孩子受罪了，干脆死马当活马治吧。”王二大妈说：“有个单方试试看，好了就好，不好就了。”她找了块绿豆大小的信石，布包砸碎，白开水送服。服药后，赵炳南觉得全身发热，脑子昏然，如同腾云驾雾，恍惚之间，他仿佛看到一个天梯，爬呀爬呀，一不留神，撒手摔了下来，吓得他出了一身冷汗，病也就逐渐好了。

连续3年的大病，使赵炳南耽误了启蒙就读的时光，但也使他对中医中药产生了浓厚兴趣。念私塾后，老师常讲：“人生一世，不为良相，即为良医。”他想：凭我家的条件，哪还希望当什么良相、良医呢？要是能像王二大妈那样，骑个毛驴，拎个包袱，能给人瞧病，也就知足了。放了学，别的孩子走东串西，他却喜欢跑到王二大妈家里去玩：瞧着她熬膏药、配方子，不时给她打下手，听着她谈天说地讲故事。他有时随王二大妈外出采药，遇到爬坡上坎的地方，他就爬上去帮助采集。

和王二大妈相处日久，耳濡目染，赵炳南

从她那里学到了几种简单的验方小药。八九岁时，正遇上回族邻居办喜事，宰鸡宰鸭，热火朝天。本家一外甥奔走相告，一不留神，摔倒在石头角上，头上撞了个大口子，流血不止，旁人用点细灰尘土为他堵住伤口。赵炳南曾听王二大妈说过，鱼骨粉可以止血，他找来一点鱼骨粉给外甥敷上，血很快就止住了。童年大病的痛苦使赵炳南深深懂得了生命的珍贵，王二大妈的言传身教，潜移默化地在他幼小的心里播下了长大悬壶济世的种子。

赵炳南断断续续地念过 6 年私塾。因病拖累，8 岁那年他才开始上学。学校不是官办的学堂，校址不是设在庙宇，便在清真寺；老师常因经费不足而辞职，或被富豪家聘教专馆。6 年之中，他辗转 6 处就学，饱尝了辍学之苦。

少年赵炳南懂得，单凭家庭供养根本无力供他完学。所以每在放学之余，常帮人捎带买东西，每次挣上一两个铜板，添置点零星笔墨纸砚。有一次，好不容易攒足了13个铜板，看见别人家的孩子有皮球，心里很羡慕，就一个人到城里洋货店买个小皮球拍着玩。第二天，母亲看见皮球，问他是哪儿来的，没等他说清原委，母亲急切地说："咱们家哪能玩得起这个，你瞧瞧，鞋袜还都破着呢！"回到家，母亲把皮球刷洗干净，用净纸包好，带他进城。到了洋货店，母亲向掌柜连连道歉，说儿子不懂事，错买了皮球，恳请退换。掌柜拿起皮球，看看完整无损，勉强同意换了双鞋面，母亲给他做了双新鞋。这段往事常常勾起赵炳南对辛酸童年生活的回忆，每忆及此事，不禁潸然泪下。看到现在孩子们读书上学校，生活甜如蜜，课外活动丰富多彩，简直就是手捧金饭碗，生活在天堂！赵炳南经常对子女们说："我的童年饱尝人间的酸甜苦辣，饱受病痛的折磨，这是你们现在难以想象的，你们要珍惜今天的幸福生活啊！"

艰辛求学　少年奋斗

14 岁那年，经人介绍赵炳南到伯贤氏药铺学徒。一次偶然的机会，德善医室的老师丁庆三出诊途中来到药铺歇脚，与仉伯贤顺便谈起正在他那儿学徒的陈某，想到他的舅父仉伯贤的药铺学徒。于是二人商议互换徒弟，赵炳南由仉伯贤药铺换到德善医室，投师丁庆三，自此他开始了新的学徒生活。

赵炳南的老师丁德恩（1854—1917），又名庆三，回族，北京市人。丁德恩少年时期曾在德胜门外马甸牧羊、读书，成年后在崇文门外某羊肉铺掌案。他崇尚医道，喜欢疡科，对明代陈实功的《外科正宗》能背读成诵，自制白降丹、红升丹等药粉。遇有病家买肉，常常施舍自制的膏药。膏药很灵，患疮疡疖肿者，一贴就好。常言道：“此地无朱砂，红土为贵。”一传十，十传百，找他看病的人越来越多，“无心插柳柳成荫”。他干脆弃商从医，又收了几个徒弟，在北京南城花市大街北羊市口一座小木楼内开设“德善医室”，悬壶济世，就诊者络绎而来，人称其为“外科小楼丁”。不论是发背、疖肿、毒痈，还是疔毒、恶疮、缠腰火丹等，经他几次治疗均可痊愈。丁德恩医术高超，为人可亲，而且医德高尚。“德善医室”的起名寓意着“积德行善”的行医目的。赵炳南从师丁德恩时，丁德恩的医术在北京、特别是南城已小有名气。然而他家的经济条件并不宽松富裕。他自己始终省吃俭用，却慷慨乐善好施。丁德恩有一件质地很好的马褂，平日里从不穿用，遇到穷苦病重的病人来就诊时，如果当时他手头没有现钱，就让伙计把那件马褂拿到附近的当铺去典当，换来的钱全部用于救济病人买药。

待自己收入宽裕一些时，再把马褂赎回来，以备后用。久而久之，马褂的故事流传开来，成为人们赞扬丁德恩的佳话。从中可以看出丁德恩的人品和医德。赵炳南后来成为德艺双馨的一代名医，不仅与自幼受到良好的家庭教育及自我修养有关，而且与恩师丁德恩的言传身教是密不可分的。

据资料记载：“道光、咸丰以来，京师行医者，士人绝少，多为回族人主之，外科尤甚。”赵炳南学徒那会儿，中医外科医生人数极少，只占中医人数的百分之一二。西医用的麻药、止痛药、抗生素之类被视为稀罕之物。有了病就吃点中药，贴点膏药，再就是上白降丹；痛厉害了，让病人到大烟馆抽上一两口大烟。当时业内有“外科不用读书，只要心狠就成”和“会打白降红升（丹），吃遍南北二京”之说。“南北二京”，“南”指的是南京，“北”指的是北京，意思是“吃遍天下”。

学徒生活十分艰苦。赵炳南每天早晨四点多起床，下门板、生火、收拾铺盖、倒便器、买东西、做饭、熬膏药、打丹、打下手，等等，不仅侍奉老师，还要照料师兄，一天睡不了几个钟头的觉，干起活来免不了打瞌睡。有一次摊膏药，他一面用棍子搅，一面打盹儿，一不留神，竟把自己的一只手插进了滚烫的膏药锅，顿时，手上的皮被烫掉一层，疼得钻心，但又不敢让别人知道，他只好偷偷地拿些冰片撒在上面。他做事手脚麻利又勤快，师兄都戏称他“小沙弥子”，即小和尚的意思。

艰苦的生活，繁重的体力劳动，磨炼了赵炳南的意志，激发了他强烈的求知欲望。每当夜深人静，大家熟睡之时，他就挑灯夜读；困乏了，用冰片蘸水点一下眼角，醒醒神后又接着读书。学习所用的文具纸张，家里无钱购买，医室对面纸店有个小徒弟和他相熟，常取出店内残缺不能售出的纸、笔二人分用。

在这种饥寒困苦的环境中，赵炳南自学完《医宗金鉴·外科心法要诀》、《外科证治准绳》、《疡医大全》、《濒湖脉学》、《本草纲目》等医籍，有的还能背诵，几十年不忘。对于一些中医皮外科基本功，如熬膏药、摊膏药、搓药捻、上药面打丹等技术，也都掌握得很娴熟。这段苦读苦练的经历对他后来的行医生涯有着深远的影响。

1920年，北洋政府举办中医考试，赵炳南虽然成绩合格了，但所发的是“医士”执照，只能在京郊行医，不准进城开业。几年后，又经过一次考试，200多人参加，只取13名，赵炳南便是其中之一，这才准许在德善医室门上挂起个行医的牌子。那年月，作为一个中医，不管你有多高技术，多大名气，也只能是个医士。就连蜚声遐迩的京城四大名医也绝无例外。直到晚年，赵炳南还保存着这张用汉满两种文字书写、加盖官印的老执照。

赵炳南学徒的第四个年头，丁庆三老师不幸病故。他一边和诸师侄支撑着德善医室的门面，一边继续苦读钻研了3年。他总算学到了一些外科医疗技术，同时也为德善医室效尽了徒弟之劳。一次，北洋时期河南省省长的女儿患鼠疮（淋巴结核），把赵炳南请去治疗一个星期。师侄满以为这趟美差一定可拿到一大笔出诊费，谁知这个省长像“瓷公鸡、铁仙鹤、玻璃耗子、琉璃猫”，硬是一毛不拔。师侄怀疑赵炳南独吞了出诊费，不问青红皂白，派人送出一封信，硬是把他辞退，由他们独家经营德善医室。失业后的赵炳南身上没有一点积蓄，生活无着落，只好四处奔波，求亲告友，这家赊药，那家借房，在西交民巷办起了只有二间房子的小小医馆，总算有了个落脚之处。3年后，医馆业务逐年兴盛，他重礼道谢了亲友，还清了债务，又租赁一处有“天棚、鱼缸、石榴树”的较大四合院。之后又干了3年，有点积蓄，才正式在西交民巷51号开设了“赵炳南医馆”。

赵炳南讲过他改名的趣闻。有一次，被赵炳南治好的一位盲人患者，出于感激，问了他的生辰八字，掐了掐手指头，叹息地说：“好刚强的八字啊，就是五行缺火，改个名字还可以补救。”常言道：“南方丙丁火。”于是，他把“赵德明”改名为“赵炳南”。从此，赵炳南的名字就这样叫开了。他说：“其实，我幼年多病，哪里是什么五行缺火，是贫困和饥饿造成的啊！”

乐善好施　人品高贵

中华人民共和国成立前，赵炳南常对病人说：先治病要紧，诊金后说。不能治的病，他如实告诉病人看不了，请另就高明，绝不敷衍。遇着劳苦大众就医，他都秉承“穷汉子吃药，富汉子还钱”的规矩，实行“三免”：免牌子（挂号），免诊金（诊治费），免药金（药费）。他的抽屉里放着一些纸印的“免费牌”，他对家境十分贫寒、病情又十分危重的病人讲：“以后复诊的时候拿着这个免费牌，你什么钱都不用花，直到病看好了为止。”即便已经挂了号，他也会把挂号费退给病人。穷苦的回族兄弟患了病，他更是给予格外的关照。30 年来，在赵炳南医馆里，有多少穷人享受过这种特殊优待，没人统计，无人知晓，但他悬壶济世的善举和爱心却在南城传颂。

据赵炳南的亲属及弟子回忆：每天一大早，病人就开始挂号候诊。赵炳南把候诊病人初看一遍，若病人需要手术又是穷苦人家，早晨没吃早点的，他习惯地给他们一点钱，让他们到对面的庆丰包子铺买几个包子，吃饱了再坐在那儿候诊，以免病人饿着肚子进行手术时出现晕厥；对腿上开了刀、行动不便的穷苦病人，他让病人回到候诊室里躺一躺，临走再给一个包，里面装着一点零钱，叫上一辆黄包车，让车夫把病人一直送到家。车夫们熟知赵炳南的规矩，一清早便将黄包车一字排开停在医馆门口宽宽的便道上，等着医馆“送”上门的生意。

当然也有不少黄包车夫乐意给赵炳南医馆送“生意”。外地病人从火车站出来，黄包车夫一见有的病人走不动，就上前问得的什么病，只要一听说是外科病，就说：“好吧，我给你拉到一位好大夫那儿去。”于是就径直把病人送到赵炳南医馆去了。包括黄包车夫在内的老百姓都愿意为赵炳南医馆做免费广告。

有一次，一个穷汉子腿上刚动了手术，赵炳南照例请他到候诊室休息。病人稍作休息后，拿了钱起身回家。他走出医馆大门，一瘸一拐地朝西交民巷西口走去。正好赵炳南送一个朋友出门，这一情景恰巧被他见到，心想这不是刚刚开了刀的那位病人吗？于是，他立即从兜里掏出钱，塞给身边的一个车夫，指着前面说：“看见那位病人了没有？你赶紧追上他，把他送到家，车钱足够了。”车夫拔腿追上去把病人扶上了车。赵炳南没有回医馆，一直站在门口望着那辆黄包车渐渐地在胡同口消失，他这才放心，转身回医馆。

2008 年 8 月的一天，有位 60 多年前卖苦力出身的 80 多岁的老大爷说：“民国那年月，穷人看病，赵老向来是有钱给点，没钱奉送，尽可能让得病的穷人少花钱。尤其外地的，在北京吃住都得花钱，他尽量缩短疗程，想着为病人省钱。穷人得的病他看不了，就直说，你这病得手术，我没这个设备，看不了，你得上什么什么医院，实在看不起，我帮你点（钱）都行。”

赵炳南对于穷苦病人除了免挂号、免费看病、免费治疗、送早餐、管车钱之外，还经常免费送一些外用药、纱布敷料什么的。当时在平民百姓中流传着这样一句顺口溜：“北京有个赵炳南，看病不要钱。”赵炳南救助过多少病人，为病人掏过多少钱，连他自己也记不得了。但只听见病人常说的一句话就是：“赵大夫是我们全家的救命恩人！”

赵炳南也为达官富商，甚至末代皇帝看病。民国年间，清末皇帝溥仪退居天津旭街静园后，曾由他的老师陈宝琛、朱益藩二人来京请赵炳南前往看病。溥仪患的是鼻部“白刃疔”（鼻疖），唇颊部红、肿、高大，疼痛难忍。那时虽说溥仪退位隐居，却还是关起门来做皇帝，神气十足。在询问病情中，赵炳南了解到溥仪内心忐忑不安，心有破相之忧，希望免除手术，采用中医药治疗。此外，他也很害怕，因为听说一个蒙古王子得了同样的病死掉了。赵炳南用中医提疗的办法，外用药捻加盖黑布化毒膏，内服清热解毒、托里透脓的中草药。3天后，栓出脓尽；一周后，基本痊愈，没留疤痕。溥仪愈后特别高兴，也对赵炳南的高超医术留下很深的印象。于是溥仪提出请赵炳南做他的御医。赵炳南却婉辞说："家有80岁老母无人侍奉左右，我这个年龄，只能尽孝，不能尽忠。"就这样一口回绝了。

有一位国民党高官的公子曾提出愿和赵炳南义结金兰。赵炳南说："我信仰伊斯兰教，祖辈传下的规矩，不能和外教人结亲。"就这样，换帖之事，始终未成。

给达官富人看病，他们给多少钱，他就接多少，绝不客气。他需要为高官厚禄之人以及富豪治病，从他们那里可取得一笔可观的收入。这笔钱他除了用来维持医馆业务和救济穷苦病人之外，也用来为社会公益事业做大量工作。当时的北平中医公会缺乏经费，他慨然相济；华北国医学院需要资金，他解囊捐款；建立妇产医院、清真寺、回民小学，他都鼎力资助。1947年夏，北京回教协会在广安门大街办起的“普慈施诊所”，多亏赵炳南赞助了大部分经费而建成，而且赵炳南把购置的不少医疗器械及家具，都无偿地献给了诊所。不仅如此，赵炳南还亲自定期来诊所义务门诊，他的徒弟则在这里开展回民幼童割礼工作，全部药品都由赵炳南免费提供。赵炳南的善举大大缓解了北京西南城群众看病难的现象。1951年，北京各界群众响应抗美援朝号召，纷纷订出拥军优属公约或计划，赵炳南不仅捐款捐物，而且免费给患病的志愿军烈军属看病。他一生乐善好施，对病人、亲友、同事，甚至对素不相识的陌生人，只要发现他们有困难，他都会伸手相助。

抗日战争前，有一次，几个农民从西直门外抬来一位对心发（背部蜂窝组织炎）的患者，其疮面大如盘，其洞深见筋骨。赵炳南见患者病情很重，就诊不便，家里又没钱，怀着同情心主动提出为患者义务出诊，每次带上四五磅重的药品，隔五六天去一趟。两个月后，病人疮面长平，痊愈。患者的左邻右舍闻讯，捐钱制了块木制义匾，百余人的队伍一路上敲锣打鼓，一直抬到医馆。在他行医生涯中，收到的木匾、玻璃匾、铜匾、银盾、银瓶有百余件，唯独这块义匾让他感动，那情景使他终生难忘。

1937 年，北平沦陷前，赵炳南担心挂那么多匾会招惹是非，就悄悄托人拍照后，卸下收藏。谁知即便这样也难逃横祸。日本人占领北平之后，北平人失去了自由，甚至连挂钟也不自由了，日本人非让中国人把挂钟拨快一个钟头改成日本标准时间不可。赵炳南硬是不拨，为此，诊室里的挂钟竟被汉奸狗腿子摔坏。狗腿子前脚走，赵炳南后脚再买个新的，按照中国标准时间拨好，挂在墙上。就这样，狗腿子共摔坏 3 次，赵炳南换了 3 次。他说："让我拨钟，没门儿！"最后一个挂钟一直按照中国标准时间滴滴答答走着，一直走到日本投降，走到中国抗日战争取得彻底胜利。

中华人民共和国成立后，政府对知识分子和中医事业的关怀，激起了赵炳南全心全意为病人服务的热情。他多次到基层和农村巡回医疗，先后被聘请为北京市中医第二门诊部、中央皮肤性病研究所、中国人民解放军和平医院和北京医院的中医顾问。1956 年，北京第一所中医医院建立，赵炳南是第一批参加医院工作的老中医。在党的中医政策感召下，他离开了苦心经营多年的医馆，投身到祖国中医事业的建设行列中。当时，他把自己开业时的部分药材、医疗器械、制药工具、正房里摆设的硬木家具全部捐献给中医医院，而把搁置在东屋里的旧家具重新摆进正房，以此表达对共产党的挚爱之心。他说："我人到中医医院来了，我的心也要同步。"后来他的学生有机会来到老师家，只见院子里原本要新建的五间房子的地基都打好了，地基留下五个"格子"，而每个"格子"里面"填"的却是绿茵茵的草药。

中国有技术传男不传女的习俗。此外，早先在回民圈儿里还有一个传统，就是技术只传亲戚、传回族，但不传汉人。赵炳南是回族，当然也不能破例。成立中医医院以后，赵炳南打破了只传同族的戒律，不仅传回族，也传汉人；不仅传男学生，也传女学生。而且无私地把自己毕生的经验毫无保留地贡献出来。他的学生陈凯说："赵老师授课那真是彻底兜底儿了。"

名老中医陈彤云回忆道：“建院之初的时候，每礼拜三有一个学习会，在这个会上老大夫积极传授，毫不保留。大家坐在一起，赵老跟我们聊，对哪个药有经验，在哪个药上曾经碰过钉子，讲得很生动，对后人很有帮助。我记得赵老曾经提醒过我们要小心用龙胆草，他在那药上吃过亏。这就是集体讨论的好处，如果个人开业，这种知识我就听不到。书本一般都谈好的，不谈失败。而讲成功经验不如讲失败教训，失败教训让人记得更深刻。”

赵炳南常说：“万般带不走，唯有业随身。”意思是说，撒手人寰，钱财统统带不走，能够带走的只有业，也就是技术或者叫手艺。如果不及时抢救和传承，就失传了。而这正是赵炳南不愿看到和极力避免的。他还常说：“知识不停留，经验不带走。”后半句话的意思是，要把全部的知识和一辈子的经验毫无保留地献给国家，传授给青年一代，绝不带进坟墓。1975 年出版的、凝聚他一生心血的《赵炳南临床经验集》实现了他期盼已久的心愿。因为中医中药学是中国传统文化的组成部分，需要世代相传，永泽后人。

晚年的赵炳南常说："我经历过清政府、北洋军阀、民国、抗日战争几个时期，可以说，人间的喜、怒、忧、思、悲、恐、惊七情备历；人生道路的酸、辣、苦、甜、咸五味俱尝。我新的生命是从中华人民共和国成立后开始的，我不能忘本，没有中国共产党、没有社会主义新中国，就没有我赵炳南的今天。我只是个普通的回族老中医，来自底层人民，我所知道的一点医学知识和临床经验也来源于实践，来源于人民，理应把自己学到的技术毫无保留地献给人民。"

医德高尚　平易近人

赵炳南是全国人大代表，又是一位德高望重的名医，但他与同事相处平易近人，没有一点架子；接诊时始终把自己看做病人的朋友，从来不把自己摆在救世主的位置。病人的痛苦，他痛心；病人的烦恼，他理解；病人的痊愈，他快乐。

俗话说："医家有三宝，语言、草药和刀。"所谓"语言"，按照现在的用语来解释，就是心理治疗，就是解"心结"的"心药"。而赵炳南就是一位非常善用"心药"的中医大夫。

赵炳南行医始终称病人为"您"，无论病人是男女老幼。有人问："您对 20 多岁的小年轻人也称呼您，也这么恭敬，有这个必要吗？"他说:“有必要，太有必要了！您看啊，‘您’字和‘你’字有什么区别?‘您’字下面有一个‘心’字，我们称呼对方为‘您’，不仅是对病人的一种尊敬，也说明我们对病人怀有一颗仁爱之心。一个‘您’字一下子就把医患之间的距离拉近了，关系就融洽了。称呼病人为‘您’是尊重病人的一种表现，尊重了病人，也就等于尊重了自己，反转来也容易赢得病人的尊重。”一席话，让在场的人叹服不已。

除了“您”外，赵炳南称呼病人还有很多讲究。比如，在门诊工作中医护人员可能常常说:“后面还有几个病人啊?”“还有两个。”这是赵炳南的语言大忌。他把“两个病人”叫“两位病人”。他认为“两个”、“两位”当中的“个”和“位”都是量词，一个苹果，两个鸡蛋，三个土豆，“个”后面搭配的词是指“东西”，都是“物件儿”；而“位”后面搭配的词是指有生命的人，比如“一位老乡”，“两位同事”，“三位老先生”。从“个”改称“位”，一字之改透露着对别人的敬重。“个”和“位”一字之差，“你”和“您”仅半字之别，差在哪里？就差在医务人员对病人的一颗心上，对病人的感情上。

20世纪70年代中期，北京中医医院因为盖楼，皮科挪到鼓楼中医医院，赵炳南定期到该医院出诊。夏季的一天，他门诊的时候，进来一位中年男子，绷着脸，一屁股坐在椅子上生气地说：“上礼拜看病，吃了您开的7副药，吃了以后，全身的疹子反而更红了，而且比吃药以前还痒。”而后，还气哼哼地补上一句：“您算什么名医啊！”还从来没有病人当面对赵炳南这样说话的，一时间诊室里鸦雀无声，他的学生静静地等待老师讲话。等到这位病人情绪稳定下来后，赵炳南才和颜悦色地说：“您千万不要着急！任何疾病的发生发展都要有一个过程，不是一朝一夕就能够治好的。如果心情急躁，反而可能使病情加重，对康复没有好处。不过话又说回来，假如我和您患有同样的病，这个事情轮到我身上，心情肯定也会急躁，或许比您还厉害呢！”诊室里的人用敬佩的目光凝视着赵炳南，聆听着他老人家与病家之间的一番化干戈为玉帛的心灵对话。诊室里又一次沉静下来。大家把目光转向那位病人。突然，病人从椅子上站起身来，向赵炳南深深地鞠了一大躬，愧疚地说：“哎呀，赵老，您看我确实有点激动，刚才实在对不起您了。”赵炳南微笑着说：“不要紧的，您是病人，我有责任把您的病治好。您有病着急，太正常了，但是，”他停顿片刻，觉得病人情绪已安定，而后继续说，“您不要着急，只要您坚持治疗，一定能治好。”这位病人点着头同意，赵炳南开始看病。开完药，已 76 岁高龄的赵炳南特意站起来，把这位刚才对他“大不敬”的病人一直送到诊室门口。

一个多月以后，这位病人再次来到鼓楼中

医医院，正巧赵炳南不出门诊，他就向赵炳南的儿子赵恩道医生说明来意。原来，他的病已完全好了，今天是特意过来道谢的。他深情地说：“赵老不仅治好了我的病，解除了我身体上的痛苦，还教会了我怎样待人，怎样做人，真不知道怎样感谢才是！”

20 世纪 70 年代末，北京中医医院门诊部设在大公主府的大庙里。有一天，赵炳南正在应诊，进来一位彪形大汉。“您感觉怎么不好啊？”清瘦的赵炳南声音洪亮地问道。“浑身瘙痒，胸闷憋气。”彪形大汉回答却声如蚊鸣。赵炳南看过皮疹、号过脉，又给他测量血压。“血压不高，是不是生气了？”赵炳南问。“彪汉”道出郁闷已久的原因：海南当了 3 年兵，复员回家以后先前的女朋友却变心了。这口气出不来，总想打人、摔东西，还特健忘。赵炳南按照“肝郁不舒”证开了 3 剂汤药，又开了皮疹外用药，和蔼地嘱咐说：“年轻人遇到烦恼的事要想开点儿，退一步海阔天空。您吃完药再来看看。”

“下一位请进！”应声进来的是一位持杖老者。未待老人坐定，那位大汉气冲冲地返回来，粗声大叫：“我的手表哪儿去了？”“刚才测血压是不是摘下来了？赶紧找找。”赵炳南提醒着。“彪汉”左翻右找，手表仍没影，顿时一股无名火冲赵炳南撒去：“这手表可是我唯一值钱的东西，丢了媳妇儿也不能丢了它……”“别急别急，再仔细找找。”赵炳南耐心劝说。“得了吧！刚才这屋里没别人。我是干什么的？能吃这亏……”他的声音带着威胁。“那您说怎么办？”赵炳南仍然平静地问。“怎么办？打人！我早就想打人了！”就在他拳头举起的一刹那，说时迟那时快，那位老者的拐棍向“铁拳”挡去，“彪汉”既不腾挪也不躲闪，只听见“咔吧”一声，拐棍断成两截。“彪汉”也“哎哟”一声缩回了打人的胳膊。他暗想扶杖老者模样并不像武林中人，再看看那拐杖也不过是指头一般粗的木棍，怎么能把自己的胳膊弄得这么疼呢？“彪汉”捋起衣袖想看看受伤没有。这一捋不要紧，却使在场的人都看见一块手表就套在“彪汉”的胳膊上，原来是金属表链碰到拐棍，硌疼了“彪汉”。

“彪汉”低下悔恨的头，摆出一副任打任骂任赔的样子。赵炳南不恼不怒不怨，甚至没有责备一句，出乎意料地拍打着自己的脑壳说：“不对不对，我刚才辨证有缺陷，应该是‘肝郁化火’。光吃这药方还不行。小伙子，我再给您方子上加一味去肝火的药吧，一块儿吃了，一准儿就好。”“彪汉”羞愧不已。

赵炳南不仅治身体之“疾”，还能疗心灵之“患”。他常慰勉病人说：“病来如山倒，病去如抽丝，治病要有耐心。”他对一位截肢且遭家人厌烦的病人讲：“您不要在意家人对您的疏忽，要保持良好的情绪，这样做病才能治好。您身体好了，家里人会高兴的。”赵炳南讲的话从来是简洁明白，而道理深藏其中。病人能够心领神会，常常被他几句话感动得泪水盈眶。他常对学生说：“咱们治的不仅是身体上的疾病，还有人的心理。要唤起病人对生活的热爱和追求，要帮助他们树立战胜疾病的信心。不是简单的几句话，还要给他方法。”

在看病过程中，赵炳南耐心地倾听患者的主诉，不仅有问必答，解释得还特别清楚。健康教育以及健康教育派生出来的“健康教育处方”是近年来出现的新生事物，很多医院还在学习和认识。但是，赵炳南早年行医时，已经重视口头叮嘱病人注意饮食禁忌、生活起居规律等事项。20 世纪 60 年代开始由口头叮嘱改成了书面医嘱，书面医嘱都是一张一张手写的，后来条件好了才改成按病种印刷。他对学生说：许多皮肤病能够治好，但容易反复，要事先和患者说清楚忌口。一方面要他们树立对治疗疾病的信心，另一方面要告诉他们注意饮食起居和心理调适，减少复发。赵炳南看门诊也查房。大年初一，他的头一件事就是到医院去看望传达室的值班同志及住院病人，这已经成为他一条不成文的规矩，年逾古稀依然如此。

外地患者慕名写信向赵炳南求医，他每信必回，每个月都得回复约100封信。晚年，他函诊已力不从心，就委托学生代做这件事。信中一则对患者染疾深表同情，二则告知自己因病不能再亲自通信治疗，敬请患者原谅。身患重病期间，他心里依然想着患者，无论如何也要给患者一个满意的答复，不让病人盼信盼得心焦，更不要因此误了治疗！

不吝秘术　广求传播

赵炳南在数十年临床实践中，通过大量病例总结出了许多疗效显著的经验方，每一个经验方几经实践、修改，才逐步定型为成方。他的成方中绝大部分是他的经验方，小部分为习用的古代成方。即便古代成方也都在赵炳南临床使用中扩大了疗效范围。有些成方已形成系列。内服方药如散风系列方包括：疏风解表、清热止痒的荆防方；宣肺散风、和血止痒的麻黄方；息风止痒、除湿解毒的全虫方等。凉血系列方包括：清热凉血活血的凉血活血汤；凉血活血、疏风解毒的凉血五花汤；凉血活血、解毒化斑的凉血五根汤等。解毒系列方包括：清热解毒的解毒清热汤；清营解毒、凉血护心的解毒清营汤；益气养阴、清热解毒的解毒养阴汤；清热解毒、散瘀消肿的消痈汤等。活血系列方包括：活血散瘀定痛的活血散瘀汤；活血逐瘀、软坚内消的活血逐瘀汤；活血破瘀、通经活络的逐血破瘀汤；温经通络、活血止痛的温经通络汤；活血化瘀、解毒润肤的银乐丸等。其他方药如：多皮饮、土槐饮、苣胜子方、回阳软坚汤、清眩止痛汤、润肤丸、白术膏等。

外用方药如散剂系列：祛湿药粉、紫色消肿粉等；软膏剂系列：黄连软膏、清凉膏、普连膏、普榆膏等；油剂系列：甘草油、蛋黄油等；酒浸剂系列：百部酒、补骨脂酊等；水剂系列：楮桃叶水剂、干葛洗方等；药捻系列：京红粉药捻、银粉散药捻等；熏药系列：癣症熏药方、子油熏药方等；硬膏系列：黑色拔膏棍、脱色拔膏棍等；其他方药：如斑蝥醋浸剂等。

在经验方到成方的形成过程中，赵炳南无

私地把积累几十年的数据和手稿全部贡献出来，而且在他的感召下，曾经跟他学习过的医生，也都自愿地把自己保存的有疗效病例，以及记录老师心得体会的笔记贡献出来。赵炳南把大量资料按病种进行逐个分析，找出它们的共性和每个病例的特殊性。病案中所用的每味药、每个处方和每一段文字叙述，赵炳南组织编著人员认真讨论研究和严谨修改。他坚持实事求是的态度，既总结成功的经验，也总结失败的教训，旨在使后学者少走弯路。《赵炳南临床经验集》是他与同事辛勤劳动的成果。

《赵炳南临床经验集》共收病种 51 个，病例 137 例，介绍了 3 种特殊疗法以及多年来行之有效的经验方、常用方 195 个，其中内服汤剂 24 方，丸、丹剂 88 方，膏剂 5 方，外用散剂 18 方，软膏剂 30 方，药油 6 方，酒、醋、水浸剂 7 方，洗剂 10 方，药捻 7 方。这些验方皆是赵炳南在 60 多年行医生涯中探索、研究、总结出来的，药源易得，价钱低廉，疗效显著，不仅具有很强的临床实用性，也有很多创造性的建树，为近世不可多得的传世之作。

《赵炳南临床经验集》中每个医案都详细地介绍了患者初诊、复诊至疾病痊愈的整个过程，病情介绍简洁而完整，理法方药思路清晰。对疑难疾病，通过收录数个典型病例来阐述不同病情、不同阶段的诊治要点。如银屑病，共有11个医案，涵盖了寻常型银屑病进行期、静止期各种情况，也包含了少见但危重的脓疱型和红皮病型银屑病的诊治过程和要点。尤其可贵和重要的是，每个病种后面的按语，对该病病因、病机、辨证要点、治法治则、处方用药及加减、诊疗注意事项等进行了概要总结，使读者在临证时有豁然开朗的感觉，真正达到了授人以“渔”而非授人以“鱼”的境界，真实而准确地反映了一代名医赵炳南在皮、外科疾病领域的诊疗经验和学术思想。他创制的全虫方、多皮饮、荆防方、麻黄方、凉血五花汤、凉血五根汤等，至今仍是治疗顽固性皮肤病的特效方。他贡献出的很多各个时期常用的丸散膏丹至今仍保存在北京中医医院的药柜里，其中有些是赵炳南早年开业时候配制的，到现在已经近 90 年了！

赵炳南在《赵炳南临床经验集》的序言中写道："我们从一个一个病例和一种一种病入手，同志们提出疑问，我作解答。最后由他们整理为初稿。对于每味药、每个方和每一段论述我再亲自修改，使整个 30 多万字的经验选集里，能比较全面地反映出我的治疗思想和临床经验。"

医术高超　治必效验

赵炳南的一生，是勤奋治学的一生，是勇于实践的一生，是奋发进取的一生，是无私奉献的一生。赵炳南在从事中医皮、外科医疗事业的 60 余年，特别是晚年对皮肤病的精心研治过程中，他医治过数以万计的患者，尽管病种多异，治法相迥，病情轻重有别，临床表现不一，但赵炳南总是坚守“万变不离其宗，不可忘其根本，做人不能忘本，做学问也不能忘本”的原则。因此，赵炳南一生中的医疗实践，始终遵循“正气存内，邪不可干”的古训。他一贯认为生命的存在都是正气充盈，气血调和，阴平阳秘使然。任何疾病的发生都是正不压邪、正消邪长、阴阳失衡的结果。赵炳南的这一学术观点，是其学术思想的集中体现，也成为他在医疗实践中始终遵循的最高原则。

赵炳南熟读和精研多种外科专著，但他从不拘泥古书，而是灵活掌握经旨，注意疾病发生的邪正关系，正确运用扶正祛邪或攻守相兼的治疗法则。如治疗疮疡疾患的阴证，他认为开始如攻邪太过，会大伤正气，造成正不抗邪，毒邪内陷而变生他证，结果是欲速则不达。因此他主张外消之中，以补托为主，正气渐复，病势好转，因势利导，乘胜攻邪，则可取效；再用外消之剂，以消为主，逐渐正复邪衰，病势趋向好转；接着以扶正祛邪、消补兼施的方法巩固疗效。在治疗皮肤病的过程中，他遣药切中，用药精当，药少力专，抓住主证，药到病除。赵炳南在临床实践中归纳出治疗“三重视”。

一、重视心肝火盛，善用龙胆泻肝汤

赵炳南在治疗急性炎症皮肤病时，最重视

对心与肝胆的辨证，最喜爱用的方剂是“龙胆泻肝汤”。他认为心肝火盛是导致急性炎症皮肤病的重要原因，而“龙胆泻肝汤”正是清泻肝胆实火、清利肝胆湿热的代表方剂。龙胆泻肝汤，古医籍记载有数个，其组方药味也不完全一样。他认为，李东垣所述之龙胆泻肝汤方中无黄连、大黄而有柴胡，除了泻肝经湿热、治小便不利外，多有升散作用；《证治准绳》所载之龙胆泻肝汤方中无连翘、生地、车前子，却有人参、知母、麦冬、五味子，除了泻心肝两经之火外，又偏于滋阴血；《沈氏尊生书》记载之龙胆泻肝汤方中无生地、车前子，而加入青皮、白芍、柴胡等疏肝敛阴之品。这些汤方都与他临证所见之湿疡不完全对症。因此，赵炳南根据自己的临床经验认为：湿疡（泛指湿疹）之为病，虽起于湿热，但急性发病时，常有热重于湿的特点。他紧紧抓住这个特点，以《医宗金鉴·外科心法要诀》记载的龙胆泻肝汤为基础，自拟龙胆泻肝汤加减，方中龙胆草、黄芩泻肝胆火，连翘、栀子清热解毒，生地、丹皮凉血解毒，泽泻、木通、车前子、生甘草清热、通利、除湿。因此，对一些热盛型的急性渗出性的皮肤疾病效果较好。临床遇有热盛型急性湿疹且同时具热盛有湿的特征，即可应用本方，并根据具体情况加减：热盛者，若伴有高烧，可加生玳瑁三钱至六钱或加羚羊角、犀角（现已代用）一至二分。或用生石膏二至三两煎水，煮群药效果亦佳。皮肤潮红明显者，加大黄二钱至五钱，取其清热破瘀之功。痒明显者，加白鲜皮一两。若内有湿滞、实滞者，加枳壳 10g，以行气消导，使之湿滞内解。

张某，男，34 岁，初诊于 1971 年 7 月 5 日。自 5 月开始双侧耳壳及面颊部糜烂流水，未加注意，自己涂抹紫药水，逐渐加重，糜烂范围越来越大。曾在某医院诊断为急性湿疹，涂过包括可的松、强的松软膏在内的多种外用药，打针、吃中药均未见效。6 月 20 日左侧耳朵内又开始往外流脓，疼痛难忍，某医院诊断为急性化脓性中耳炎，曾注射青霉素，内服四环素，效果不明显。赵炳南接诊后，认为患者湿热内蕴，毒热炽盛，予以清热解毒，佐以利湿之中药口服。处方：龙胆草四钱，生地一两，白茅根一两，瓜蒌根五钱，车前草一两，川连二钱，金银花五钱，栀子四钱，黄芩三钱，生石膏一两，绿雪六钱（每次一钱，冲服，日两次）。外用龙胆草四两，分三次煎，煎液放冷后湿敷。如意金黄散三袋，化毒散三瓶，混匀外用。7月 8 日患者服上方三剂后痛止，痒感减轻，渗出终止，外耳红润未退，有时仍作痒。继以清热、除湿、止痒为法，处方如下：龙胆草四钱，生地一两，苦参五钱，白茅根一两，金银花一两，生槐花一两，黄芩三钱，生薏苡仁一两，白鲜皮一两，车前草五钱，六一散（包）一两。外用药同前。服上方三剂后，患者外耳皮损恢复正常，左耳流脓已止，疼痛消失，未再复发。

但在临床实践中，赵炳南以为“肝火盛者，多心火亦盛”，深感清心火药力不足，故经常在应用龙胆泻肝汤的同时，加入自创的以清心火为主的“三心方”（莲子心、连翘心、生栀子），以增强清心泻火之力。二方配合使用，再加入除湿疏风之品，临床治疗急性湿疹、急性皮炎、带状疱疹、过敏性皮炎、药疹等急性炎症皮肤病（热盛型），每取良效。

二、重视湿邪为病，创立除湿六路经验方

赵炳南非常重视“湿邪”在皮肤病发生、发展、变化过程中的危害作用，认为许多皮肤病反复发作、缠绵难愈，与“湿”性重着、黏腻的特性有关。他常说：“善治湿疹者，当可谓善治皮肤病之半。”赵炳南对湿邪为病的广泛性的认识深度，是其学术思想及临床经验中重要的组成部分。

湿疹，按其性质可分为急性期、亚急性期及慢性期。前两期在临床上均有较明显的湿象。其发病机理多为湿热内蕴，或湿重于热，或热重于湿。在治疗上，赵炳南惯用除湿胃苓汤，并根据热与湿的轻重不同而加减化裁。即使在湿疹的慢性期，皮肤出现干燥、粗糙、肥厚、角化等一系列燥象而无水疱、渗出、糜烂等情况下，仍用治湿之法。对此他曾说：湿有内湿、外湿，湿邪蕴久可以化热生虫，湿热凝固聚结于肌肤腠理之间，则皮肤粗糙肥厚，明显瘙痒。他认为皮肤枯燥、脱屑、瘙痒是内湿的外在表现，是由于机体内部水湿不化，津液不能输布，肌肤失于滋养所致，故仍以治湿为本。

赵炳南对湿的理解非常独到，善于从“湿”论治皮肤病。他先后创立了除湿六路经验方：除湿解毒汤、清热除湿汤、健脾除湿汤、疏风除湿汤、搜风除湿汤、祛湿健发汤。基本用药为荆芥、防风、蝉衣等散风除湿走卫表；龙胆草、黄芩等清利湿热走气分；薏仁、白术、茯苓等健脾燥湿走肌腠；车前子、滑石等苦通渗利走水道；白鲜皮、威灵仙、海风藤等通利经络脉隧；全蝎、蜈蚣等虫类搜剔祛风止顽痒；石膏、栀子、丹皮、黄柏等清湿中之热而护营。除湿六路经验方体现出赵炳南治湿兼顾病性、病位、病期，采取因势利导、浅深轻重急缓不同的治疗思想及方法。除上述除湿六方外，另有一除湿健脾方（未曾公开发表），此方功效仍为健脾除湿，但与健脾除湿汤相比，健脾药的组成未有重大改变，却增加了养血润肤、滋阴润燥及少量疏风止痒药品。该方弥补了健脾除湿汤单纯健脾益气的不足，补充并加强了治疗慢性肥厚性角化性皮肤病的医疗手段，提高了医疗质量。本方的主要组成为：黄芪、炒白术、炒苍术、怀山药、焦槟榔、炒枳壳、猪苓、生熟地、元参、花粉、黄柏、当归、丹参、鸡血藤、秦艽、防风、刺蒺藜、苦参。

赵某，女，36 岁，1971 年 9 月 1 日初诊。患者一年前两侧手背开始发红，有痒感，经常搔抓后起红疹，时有渗出液，结痂，经某医院诊断为湿疹，用药后渗出液减少，唯皮肤逐渐变厚、粗糙、变硬，肤色变暗，痒感明显。遂找赵炳南就诊。

患者舌苔薄白稍腻。中医辨证为湿疡，湿重于热。立法：除湿清热止痒。处方如下：厚朴二钱，陈皮三钱，滑石块四钱，赤苓四钱，猪苓四钱，炒黄柏四钱，炒枳壳三钱，白鲜皮一两，姜黄三钱，地肤子一两。外用龙胆草一两，豨莶草一两，苦参一两，水煮外洗。祛湿药油外敷。

患者服上方 7 剂，复诊时，只见皮损面渗出液已止，皮面干燥，但仍瘙痒不止。继用前法佐以祛风止痒，外用稀释新拔膏。继服 10 剂药后，皮损已基本痊愈，痒止，皮肤光滑。令内服八珍丸、秦艽丸巩固疗效。

三、重视整体观念，强调阴阳平衡

赵炳南强调驱邪，不仅丝毫不忽视扶正，而且更加强调“正气存内，邪不可干”的古训。他重视整体观念，常教诲后学者“皮肤疮疡虽形于外，而实发于内，没有内乱，不得外患”。在具体辨证时，强调必首辨阴阳。他认为人体的阴阳既是对立的、矛盾的，但又必须是统一的、调和的，故《素问·生气通天论》说：“阴平阳秘，精神乃治。”不仅人体内部的阴阳要协调平衡，而且人体还要与大自然的阴阳相协调，才能保持人的生理常态及健康地生存。若阴阳不能协调，人就会由此而生各种疾病。因此，辨病首先要辨阴阳，若不辨阴阳，妄加投药，“犹以安胎之药，服其夫矣”。意思是说，若不辨阴阳，就犹如把安胎的药给丈夫喝了。他还认为阴阳之平衡，卫气营血之调和，脏腑经络之通畅，与病损变化息息相关。因此，辨证要从整体观念出发，治疗要注意局部与整体相结合。

阴阳失调反映在皮肤上有多种表现，如面部蝶形红斑或面部蝶形黑斑、结节性红斑、脱发等。最常见的病种是狐蜮病（类似白塞病）、红蝴蝶（类似红斑狼疮）。此外，皮肤瘙痒症、斑秃、皮肌炎、硬皮病等也不罕见。赵炳南认为无论遇上哪一种，都应该首先考虑阴阳失调。

阴阳失调的治疗原则是调和阴阳。赵炳南晚年治疗多种疾病的处方中，经常出现“四藤”，即天仙藤、鸡血藤、首乌藤和钩藤。

天仙藤性温味苦，入肝脾肾经，苦主疏泄，性温得以通经，故可活血通络，而使水无不利，血无不活，风无不除，周身上下得以调达；鸡血藤性温味苦微甘，入心脾二经，活血舒筋，可去瘀生新，乃行血药中补品，可治腰膝酸软、麻木瘫痪、月经不调等症，长期服用可调理气血之运行；首乌藤性平味甘微苦，入心肝脾肾经，养血安神，祛风通络，可补中气，行经络，通血脉，能引阳入阴；钩藤性凉味甘，入肝心包二经，其轻能透发，凉能泻热，故可清热平肝，息风定惊，舒筋除眩。以上四药合用，可通行十二经，行气活血，通调血脉，舒筋活络，承上启下，以达调和阴阳之功。

在临证应用中，如患者见有肾虚之证，可加用菟丝子、枸杞子培补肾气，益阳生精；女贞子滋肾益肝；车前子利水通淋而不伤阴，更不扰动其火。四药合用有生精益气、补肝肾、强筋骨、通淋利水之功，有水火调达、调和阴阳之效。如有心肾不交、水火不济时，可用紫石英，上能镇心，下能益肝，其性缓而补，可治心神不安、肝血不足；配萼梅花以消头眩、心神不安。如心率慢、血压偏低者，可加用龙眼肉、荔枝肉、合欢花、合欢皮、石莲子补血、健脾、益肝、宁心，服之可令五脏安和，神气舒畅。如口腔溃疡多年不愈，阴虚阳火妄动者，可加用紫油肉桂（或上肉桂）少许，以引火归原，并可配合治标之药如金莲花、马蔺子、锦灯笼等标本兼治。属脾肾两虚者，可用山药、山萸、生地、熟地、泽泻，以健脾益肾。

张某，男，54 岁，因间断发高烧、关节痛两年余而就诊。曾在某医院长期治疗，效果不显，最后诊断为系统性红斑狼疮。服用较大剂量激素，病情稍有缓解。来院时仍每日服用强的松 60mg，但低烧缠绵不断，自觉心慌、无力、头晕、盗汗、心烦多梦、睡眠不实。舌苔微黑，寸关沉弦，双尺沉细。赵炳南辨证为阴阳失调、心肾不交。治法：调和阴阳，交通心肾。处方：天仙藤 15g，鸡血藤 15g，首乌藤 15g，钩藤 10g，紫石英 15g，合欢花 10g，合欢皮 10g，莲子肉 12g，荔枝肉 10g。

服上方药每日 1 剂，连服 35 剂，强的松减量至 40mg，一般症状明显好转，病情稳定。

李某，女，40 岁，口腔反复溃疡 7 年，曾在某医院诊为白塞病，用强的松每日 20mg，并配合中药，症状时轻时重，一直未能稳定。来院时自觉手足发凉，腿痛，有时头晕头痛，口腔溃疡连续不断，此起彼伏，同时经常伴有便溏、泄泻、腰痛。舌体胖大，舌苔白，寸关弦滑，双尺沉细。赵炳南辨证为阴阳失调、上热下寒。治法：调和阴阳，滋阴降火。处方：天仙藤 15g，鸡血藤 15g，首乌藤 15g，钩藤 10g，沙参 30g，石斛 15g，菟丝子 12g，女贞子 15g，枸杞子 10g，车前子 15g，马蔺子 10g，金莲花 15g。

服上方药每日一剂，共服 49 剂，病情稳定，口腔溃疡仅偶有发作。

以上两个病例，无论是系统性红斑狼疮，还是白塞病，都是比较难治的全身性疾患，目前中西医均无特效疗法。西医用激素，部分病人能缓解病情，有的虽用较大剂量亦难控制；部分病人用大量激素控制后，激素很难减量，在减量过程中常常症状反复，病情更重，而长期使用激素就会产生一系列激素的副作用和合并症，常是造成病人死亡的主要原因。如例一患者虽已每日服用 60mg 的强的松，病情仍不能控制，出现低热、心慌、无力、头晕、盗汗等症状，按一般西医治疗原则仍应继续加大激素用量。可是，赵炳南不但没有增加激素用量，反而将激素不断减量，病情却逐渐好转，这就是通过辨证论治给予调和阴阳发挥的作用。例二患者虽已每日用 20mg 的强的松，但病情仍反复发作，他以调和阴阳之法用药后，仅 19 剂，病情就趋向稳定，激素停用。

赵炳南认为，阴阳失调在临证的表现十分复杂，各科疾病均可遇到，在皮肤病方面的表现同样是千变万化。因此，在临证过程中应注意两点：第一，对于皮肤病的治疗，一定要仔细审证，如果属阴阳失调所引起的皮肤病证，应采取标本兼治的法则，内外兼施，才可取得较快的疗效。第二，阴阳失调是皮肤病理改变的内在因素，皮肤病理改变是内部阴阳失调的外在表现。由阴阳失调到皮肤病理改变，都会有一定的过程。所以，当用药治疗后，内部阴阳调和到皮肤病的好转痊愈，也需要一定的过程。医生和患者对此都必须有足够的认识，密切合作，耐心地坚持治疗。医生切忌朝方夕改，用药变化太快；患者也不能有病乱投医或不坚持正规治疗；只有正规治疗且按疗程经过一段时间调治，使体内阴阳失调逐渐改善，才能逐步使皮肤病证改善而产生疗效。

推崇创新　重视外治

中医外治历史悠久，经验丰富，优势突出。在赵炳南的临床实践中外治法占有重要地位，是中医外治的典范。在中医外治方面，他自创四大独特疗法。

一、拔膏疗法

拔膏疗法是赵炳南根据临床实际需要，吸收前人经验，于 1958 年独创的外治法。所谓拔膏疗法，就是使用黑色拔膏棍、脱色拔膏棍和稀释拔膏，温热后外贴治疗某些皮肤病。其药味组成和剂型源于古代的膏药，但有不同。其特点是使用方便，易于保存，价钱低廉，疗效可靠。黑色拔膏棍、脱色拔膏棍和稀释拔膏这三种药的剂型和组成相同，都是用土大黄、大枫子、百部、皂刺、鲜凤仙花、羊踯躅花、透骨草、马钱子、苦杏仁、银杏、蜂房、苦参子、山甲、川乌、草乌、全蝎、斑蝥、金头蜈蚣组成，加香油、生桐油混合制成药油。另以白及面、藤黄面、轻粉、硇砂组成面药。

赵炳南在临床中使用的黑色拔膏棍、脱色拔膏棍与稀释拔膏，其基本药物组成相同，但由于所加的基质类药物不同，而各有其特点。黑色拔膏棍的做法是每斤药油加樟丹一两、官粉七两、药面一两、松香二两合成。脱色拔膏棍的做法是每斤药油加官粉十四两，药面二两、樟丹二两、松香二两。稀释拔膏的做法是，每斤药油加樟丹一两、官粉七两、药面一两、松香二两。这三种药都有破瘀软坚、拔毒提脓、杀虫止痒、通经止痛的功效；能够改善局部血液循环，促进炎症吸收，并可密闭皮损软化角质层，使之剥脱，促进皮肤的代谢过程。其中，黑色拔膏棍作用最强；脱色拔膏棍作用与之相同，因脱去黑色，外贴时较为美观，适合暴露部位的皮损；稀释拔膏作用缓和，硬度较小，临时摊涂方便。

主要适应证为：皮肤湿热毒类：带状疱疹神经痛、多发性毛囊炎、结节性痒疹；皮肤增生性病变类：对寻常疣、出血性疣、鸡眼、甲癣、瘢痕疙瘩、局限性神经性皮炎、局限性牛皮癣静止期、手足癣、乳头状皮炎、颜面盘状红斑狼疮、睑黄疣等均有一定疗效；其他：对白癜风、圆形脱发、硬皮症、黄褐斑、聚合型痤疮等，也有部分疗效。

具体用法是：

（一）摊贴法：取略大于皮损的干净厚布一块，将已熔化的拔膏摊于布上，厚度与皮损相近，面积略小于皮损面，然后趁热粘贴于患处。

（二）滴药法：用胶布保护正常皮肤，将黑色拔膏棍一端在火上烤熔成滴，然后直接滴于皮损面，至布满为止。

（三）蘸烙法：用胶布保护正常皮肤，将黑色拔膏棍加热软化，并捏成横截面与皮损面相同，然后将横截面在火上加热，随即快速用此面对准患处一烙即起。

（四）加药法：将拔膏放入小铁碗中，然后将此碗放入沸水中（水浴），待碗内拔膏完全融化，随即兑入遇热性质稳定的药物；若属遇热性质不稳定的药物则需待凉至半凝状态再兑入。

赵炳南的学生钱文燕讲过这样一个病案。1963年的一天，赵炳南的诊室里来了一位特殊的病人，他就是著名京剧大师梅兰芳。他得了带状疱疹，几家著名西医医院都已经看过了，依然疼得特别厉害，已经几天几夜没睡好觉了。赵炳南给他开了一个中药处方及拔膏棍，然后对梅兰芳交代拔膏棍怎么稀释，怎么贴上，讲得非常清楚。梅兰芳吃了一周的药，又贴了一周的稀释拔膏，第二次来的时候，一进门就给赵炳南鞠了一个90°的躬，说：“哎呀，太感谢您了！我贴了两天就不疼了。您的药太好了！”

二、熏药疗法

熏药疗法是在长期临床实践中，在灸法的基础上发展起来的治疗外科、皮肤科疾病的一种外治法。民间曾长期流传用桑枝、谷糠、草纸等各种配方点燃后烟熏治疗疾病的方法。这种熏药疗法用药简单，但适应证较少。赵炳南在早年行医时，曾看到一位老太太用草纸熏治顽癣，后来他查阅了中医古代文献，果然有类似的记载。受此启发，他在民间草纸熏治的基础上改进创新，形成了独特的熏药疗法。

熏药疗法辨证用药、适应证较多。药物组成主要有：

（一）癣症熏药方：苍术、黄柏、苦参、防风、大枫子、白鲜皮、松香、鹤虱草、五倍子。具有除湿祛风、杀虫止痒的功效。适用于神经性皮炎、慢性湿疹、皮肤淀粉样变、皮肤瘙痒症等。

（二）子油熏药方：大枫子、地肤子、蓖麻子、蛇床子、祁艾、苏子、苦杏仁、银杏、苦参子。具有软坚润肤、杀虫止痒的功用。适用于牛皮癣、鱼鳞病、皮肤淀粉样变等。

（三）回阳熏药方：肉桂、炮姜、人参芦、川芎、当归、白芥子、祁艾、白蔹、黄芪。具有回阳生肌、助气养血的功效。适用于久不收口的阴疮寒证、顽固性瘘管、顽固性溃疡、结核性溃疡等。

以上三个熏药方的具体用法为：将群药共研粗末，放在草纸上摊匀，卷成卷儿，将药卷一端点燃，用其所产生的药烟对准皮损面，距离一般以患者感觉温热而舒服为度。每次 15～30 分钟，每日一二次。

经过对熏药疗法长期的探索和研究，赵炳南提出了“烟走线路”说。复杂瘘管非常难治，经常是主管道走行弯曲，支管道多个横生。若手术治疗，因范围过大，创伤过大，患者会非常痛苦。若外用纱条、药捻，又因管道枝杈繁多复杂，难使药物到达患处。此时，赵炳南认为非常适宜使用熏药疗法。患者选择合适的体位，医者选择合适的管道，将药卷点燃。药卷点燃以后就会冒烟，烟有向上行、走线路、无孔不入的特点。比如窦道、瘘管之类，虽然空隙很小，但因为“烟”无孔不入，熏药的药烟能够到达主管道和支管的任何部位，熏药所用的不同药物可以发挥相应的治疗作用。赵炳南正是利用烟熏的这一特点，治疗多种顽固性、慢性皮外科病症，对久不收口的阴疮寒证、顽固性瘘管、顽固性溃疡等都有很好的疗效。

20 世纪 70 年代，患者老范得了一种叫“脐痈”的病，肚脐肿得有馒头大，流脓，疼痛，两个多月上不了班。中西药治疗无效，最后西医决定手术治疗。按照老范的原话说，进入手术室以后，外科主任的手在他肚脐周围画来画去，画了半天才对他说干脆先别做了，这个病挺难办的，做手术风险太大。老范出院后，慕名找到了赵炳南。赵炳南开了十几味中草药（研碎），让老范用草纸卷成药卷，再将药卷点燃，对着肚脐熏。刚开始时老范还不大相信，心想吃了这么多中西药都不管用，靠烟熏就能行？他将信将疑，心想也只能试试了。按照赵炳南的方法，他一天熏两次，熏了不到10天，病情一天比一天好，半个月左右脐痈痊愈了。

三、黑布药膏疗法

赵炳南在行医中十分注意收集民间有效的偏方、秘方。有一次收集到一种秘方可用以治疗“背痈”等化脓性疾病，他认为该方较简单，治疗病种也较单一，于是在秘方的基础上作了较大的改进，研究出一种新的黑布药膏。新药膏的药物组成更加丰富合理，治疗皮肤病的病种范围扩大了；而且不论创面有多大，即使是创面很深，治愈后的斑痕也很小。药物组成有：老黑醋、五倍子、金头蜈蚣、蜂蜜、梅花冰片。

具有破瘀软坚、解毒止痒、聚脓镇痛的功效，主治瘢痕疙瘩、痈疽、初期毛囊炎、乳头状皮炎等。用法：清洁患处后，将黑布药膏厚敷于皮损处，然后用干净黑布或厚布覆盖，胶布粘贴或敷料包扎。两三天换药一次。

许某，男性，12 岁。3 年前，右膝关节内侧因烧伤后创面愈合而遗瘢痕，面积大如手掌，致使膝关节屈曲不能伸直，行走时一瘸一拐。外用黑布药膏后瘢痕逐渐软化，右膝关节渐渐能够伸直。用药 4 个月后，瘢痕完全软化，膝关节屈伸自如，恢复正常行走。

20 世纪 50 年代中期，赵炳南的《黑布药膏治疗瘢痕疙瘩》论文在波兰第十五届皮肤科学年会上宣读。他的论文总结了中国医学科学院皮肤性病研究所用黑布药膏治疗 81 例瘢痕疙瘩的病例，通过临床观察及组织病理检查，均证明黑布药膏对瘢痕疙瘩有较好的疗效。81 个病例中显著进步者 26 例，进步者 44 例，无效者 11 例。连续治疗不间断者疗效较佳；从病程来看，疗效与病程没有明显的相关关系；从不同治疗期的治疗结果看，持续治疗 6 个月以上者，疗效较好。同时还观察到，黑布药膏不仅可使瘢痕疙瘩的痒、痛感觉减轻或消失，而且可使其成层脱皮或自行穿破而渐趋平软消退。其组织病理可认为，瘢痕疙瘩在黑布药膏的药物作用下发生了纤维组织的疏松和变性，它与病变的平软和消退可能很有关系。因此证明黑布药膏对瘢痕疙瘩治疗是一种较好的方法。

四、鲜药疗法

所谓鲜药，是将新鲜植物或新鲜动物的整体或部分取其组织或汁液加工处理成的外用药。与干品相比，鲜药偏凉偏润，味厚力峻，鲜纯润燥，吸收快捷，制汁简便，药理特殊。与化学药物相比，天然药物费用低、毒性少，且绿色天然，与环境和谐。鲜药在皮肤病外治中的应用是一个既古老又现代的课题。有专家预测，鲜药疗法可能成为中医药的发展方向。

赵炳南擅长外用鲜药，而且坚持不断地探索。他30多平方米的诊室，既是诊室、治疗室，同时也是药房和制剂室。茶几上摆着锅、乳钵等制药工具，以及天然麝香、煅研米珠、鲜凤凰衣等贵重药品；药品柜里放着象皮粉、梅花冰片、五倍子粉、乳香粉、红人参粉、硇砂粉、地榆粉等数十种药粉和软膏刀、软膏板等配药工具，以及陈醋、凡士林等外用基质。窗台上摆着多盆鲜芦荟，而那时鲜芦荟还很稀少，认识鲜芦荟药用价值的人就更少；大诊桌上摆着鲜马齿苋、鲜龙葵、鲜地黄、鲜楮桃叶、鲜水红花子（红蓼）、鲜姜、黑豆、鲜野菊花、鲜凤仙花、鲜豆芽菜、大白菜、墨斗鱼骨，以及拔膏、熏药、黑布药膏、三棱针、冰糖块、明矾、藤条等。他的诊室可谓是一个“百草园”。赵炳南一边看病，一边教病人认识鲜药，使用鲜药，并亲自演示。

赵炳南加工处理新鲜动植物药，经验很丰富。他加工处理新鲜植物药的方法就多达10余种：将新鲜植物药洗净直接外用；将新鲜植物药捣烂后外用；将新鲜植物药捣烂绞取其汁液外用；将新鲜植物药切开（或掰开、折断），以其断面外用；将新鲜植物药剖开后外用；将新鲜植物药熬膏后外用；将新鲜植物药研粉后外用；将新鲜植物药去皮后，研粉外用；将新鲜植物药煅存性（或烧存性）后，研粉外用；将新鲜植物药嚼碎后外用；将新鲜植物药煎汤后外用；将新鲜植物药磨水后外用；将新鲜植物同饭捣成饼后外用，等等。

他又把鲜药外用大致分为14种方法：戳药法、摩擦法、滴药法、热熨法、按摩法、腐蚀法、发疱法、涂药法、敷脐法、敷贴法、熏药法、烘药法、淋洗法、点药法。

赵炳南常用鲜药有以下三种：

（一）鲜马齿苋。功用：清热消肿，收敛止

痒。适应证：急性湿疹、皮炎等渗出性皮肤病。用法：湿敷、外擦、浸浴、洗涤等。

（二）鲜龙葵。功用：清热解毒，杀虫止痒。适应证：瘙痒性、化脓性皮肤病等。用法：外洗、外擦等。

（三）鲜楮桃叶。功用：止痒、润肤。适应证：皮肤瘙痒症、慢性荨麻疹等瘙痒性疾患。用法：溻洗、浸浴等。

熏药、黑布药膏、鲜药疗法是赵炳南从民间收集经改进后创制的，而拔膏疗法则是赵炳南首创的，因此在四大疗法中，首推拔膏疗法。“拔膏”中的“拔”字，含拔毒外出的意思。初看拔膏棍似乎很普通，却是赵炳南对膏药的一大贡献。中医的传统膏药，大体上有治疗外科疮疡的膏药，称为“疔毒类膏药”；治疗关节炎、腰腿痛的膏药，称为“封闭门的膏药”；唯独没有治疗皮肤疾病的膏药。传统黑膏药的形状、大小固定，而皮损的形状、大小各异，贴敷时多有不便。况且传统黑膏药均为黑色，影响美观，不适合颜面等暴露部位。

赵炳南在学徒期间，从事时间最长的就是熬膏药，对膏药有深刻的研究。他把熬膏药分成几步：一是炼油，二是提取，三是下丹，四是把膏药去火毒，五是把膏药变成不同的“秉性”。他在相对低的温度下，吸收炼白膏药和黑膏药各自的特点，在其中放入一些樟丹和官粉，就制成了脱色拔膏棍。脱色拔膏棍的颜色呈棕色，与皮肤的颜色相近，尤其适合面部疾病的治疗。而且膏药棍和一般的膏药不同，它受热后可以融化，放在热水里泡可以拉长，也可以扭成不同的形状，因此可以根据皮损的面积大小，取其大小不同的截面。也就是说，膏药的截面可随意变大变小、变圆变方，因此可以根据临床需要而改变其形状。其用法也很灵活、方便，可以热滴，滴膏药油；也可以点，可以沾；还可以融化后在膏药布上摊涂，加温后再贴上。在膏药史上，黑色的膏药多，像这种接近肤色的、摊涂比较容易的膏药是赵炳南对膏药的一大创新和贡献，这种针对治疗皮肤疾病而设计制作的拔膏棍是赵炳南的独创。

思想前卫　学习终身

赵炳南平生以书为师，嗜书如命。在医馆专供赵炳南使用的卫生间台面上放着字典、词典、中医经典等书籍，赵炳南常利用如厕这点时间翻阅词典，可谓惜时如金。当遇到久治不愈的疑难病例时，他就翻阅各种资料，想方设法查找原因，寻找新的方法，常常为此废寝忘食。

赵炳南诊室的书柜，第一层放着一套《中医大辞典》(4 册)，有难题他会去请教书本这位老师。最有意思的是，他阅读之后，习惯在上面写些东西。日久天长，这套《中医大辞典》几乎每一页的书眉上都留着他写的密密麻麻的观点、评语、订正、疑问等眉批。由此可知这套《中医大辞典》已跟随赵炳南许多年了，他把这套辞典当做珍宝一样珍藏着。

赵炳南读遍中医经典著作，尤其通晓中医外科名著；而对他一生影响最大的著作当属清代王洪绪所著《外科证治全生集》和清代吴谦等编著的《医宗金鉴·外科心法要诀》。他不仅娴熟地掌握了这两部书的内容，在实际工作中也运用自如，而且能背诵书中的主要段落和有关的警句。赵炳南对《外科证治全生集》区别痈疽之阴阳形象的比喻十分赞赏。《外科证治全生集》云："痈与疽之治，截然两途。世人以痈疽连呼并治。夫痈疽二字之连呼，即夫妻二字连呼也。若以痈药治疽，犹以安胎之药服其夫矣。"这段名句赵炳南经常"挂在嘴边"，而且将"辨痈疽"进一步推至"辨阴阳"，作为辨证的"首先"思考。

赵炳南勤奋好学，不耻下问，重视吸收民间医方。他对穷苦患者情真意切，免费治病，深深感动一方乡亲，因此，穷苦百姓也愿意贡献出他们珍藏的偏方。这使他有机会收集到大量的流传在民间多年的“秘方、偏方、验方”，为他日后结合自己的临床实践经验，去粗取精，创制新药，提供了宝贵的资料。

赵炳南也善于向西医学习。他是现代中西医结合的积极倡导者和身体力行者。20世纪40年代末，有一天，赵炳南在门诊看见一个病人，皮肤上涂了一层白色的药膏，据病人讲这药相当有效。他刨根问底地问，这是什么药？在哪里买的？病人告诉他药名叫氧化锌膏，他在东交民巷德国医院看病时买来的。赵炳南随即把这种药买了回来，并在治疗湿疹的普连膏和祛湿药粉里面添加了氧化锌膏，确实提高了疗效。

在中央皮肤性病研究所工作的时候，赵炳南和西医同道密切合作，共同研究了湿疹、牛皮癣、神经性皮炎三种疾病。西医提出：中医说牛皮癣并无真菌，称其为癣，不太合适。赵炳南说：“中医有牛皮癣之名，指皮损坚如牛领之皮而言，并无临床上大量脱屑之实，治法亦不相同。”他认为：牛皮癣与古代文献所记载“白疕”相吻合。“疕”字从其字形结构看，是病字头加一个匕首的“匕”字，如同匕首刺入皮肤，以示病程的缠绵日久。经中西医认真研讨，始知中医所谓牛皮癣实际上是指西医的神经性皮炎，西医所指的牛皮癣也不在中医所称的六癣之列。后来，中西医专家经共同协商，将现在民间俗称的“牛皮癣”正式命名为“白疕”，与西医“银屑病”对应，而中医学术语的“牛皮癣”与西医“神经性皮炎”对应。中西医病名的规范，对中国医学发展是十分重要的。

赵炳南曾讲过一件往事。有一次，一位病人家属邀请他同去德国人办的北京医院诊病。那时，这所医院规定不准中医进病房。因此，他只好与病人家属一起，作为探视病人的亲友进去，趁大夫、护士不在时，偷偷为病人诊脉，回来后再开方。病人也得偷偷敷药吃药。赵炳南不胜感慨地说："只有在中华人民共和国成立后，中西医才能真正抛弃门户之见，扬长避短，坐在一起，自由地交流学术思想。"

赵炳南平生结交的西医朋友非常多，其中不乏西医名家。他早年设馆行医时，就结识了方石珊、何显名等很有名望的西医专家。他和这些西医名家经常切磋医术。他常让徒弟找来最新出版的西医皮、外科书刊，让徒弟从头到尾地读，他听得津津有味。

赵炳南常说："为了解除病人的痛苦，一切为病人着想，我对医术无门户之见，对中西医两种医学，我一向主张取长补短。""医术是治病的工具和手段，不应有门户之见，应择其善者而从之。"在治疗一些重病人时，他并不反对配合一些西药和采用西医检测、治疗手段。治疗一些深部化脓、脓不得出的病人，古代都是用中药蟾酥麻醉，以白降丹腐蚀破溃，使脓排出，但常有麻醉不彻底引起病人痛苦之事。晚年行医时，赵炳南就主张选择普鲁卡因进行局部麻醉。在治疗系统性红斑狼疮患者时，他一再叮嘱患者在服用中药的同时，一定要遵照西医医嘱按时服用西药，尤其不要随意加减和停服西药。足见赵炳南不拘门户，一切从病人出发的开明之举及豁达的胸怀。

赵炳南拥护中西医结合的方针，而且身体力行。1975 年，他撰文指出：“中医和西医都不应该固步自封，只有密切合作，互相学习，才能更好地共同做好中西医结合工作。在发掘祖国医药遗产方面，我们老中医不能消极等待，必须和西医密切合作，要变被动为主动。”他还说：“我有很多中医徒弟，也有很多西医徒弟，你们要团结起来，共同进步，走中西医结合的道路，为振兴中医事业贡献力量。”

赵炳南善于向同道学习。他看的病人若兼有其他科的病，就让徒弟带着病人找那个科的专家，嘱咐徒弟把处方抄来，之后师徒共同研究学习。

赵炳南珍惜难得的学习机会，即使学回来不一定马上用得上，他也不放弃。他认为知识需要厚积薄发，知识储备越多，急用的时候，就能信手拈来。1982年，中华医学会北京分会举办皮肤病理学习班，赵炳南了解到这一消息，马上建议学生邓丙戌去学习。他说："病理对皮肤病的诊断非常重要，学会了一定大有好处。"他加重语气说："宁可会而不用，不可用而不会。"果然，随着皮肤学科的不断发展，皮肤病理知识显得越来越重要。赵炳南所在的北京中医医院皮肤科的医生有人早已事先学习了，所以该科的病理工作走在了同行的前列。

赵炳南要求自己活到老学到老。他在耄耋之年喜欢用极快的语速说："拳不离手，曲不离口，经验不带走。"他解释道："'拳不离手，曲不离口'意思说：虽然我已经80多岁，行医一甲子，还要活到老、学到老、干到老，还要钻研，还要攀登，还要挖掘，还要创新，绝不能躺在现有的经验上睡大觉。‘经验不带走’是说：要把我的点滴经验和体会毫无保留地献给党和人民，传给青年一代，绝不带进坟墓。”他是这样说的，也是这样做的。

晚年的赵炳南身患肾功能衰竭，常常伴有食欲不振、恶心等不适。他知道自己已难亲临门诊，于是将自己的临床经验采用录音方式，讲一点，录一点，再根据录音材料整理成文。这是一种快速、准确、省力的方法，有利于经验的整理和传授。此外，他还在同志们的协助下，将有较好疗效的10种常见病整理成计算机语言，编好程序，输入电子计算机，以备后学者日后的临床、教学、科研应用。他认为，整理、继承工作，老中医责无旁贷，应该采取积极主动的态度，把自己在实践中积累的知识全部拿出来，哪怕是一点一滴，也能聚沙成塔。

身患肾功能衰竭的赵炳南自感来日无多，内心萌生出一种强烈的紧迫感，他对徒弟和助手坦言：“我时间不多了，抓点儿紧。”督促门生在他不多的有生之年，要抓紧时间做好经验整理工作。“将来即便我人不在世上了，留下的文字资料还在，经验还在；病人即使找不到我，还可以找到计算机，计算机可以替我完成看病人的心愿。”他当了一辈子医生，病还是没有看够。在病榻上，他是多么牵挂着他的病人啊！一句“抓点儿紧”，流露出重病缠身的赵炳南唯恐没有把经验彻底“掏干净”，唯恐“业随身”，唯恐经验失传对不起后人的高尚情怀。

寄语后人　风范长存

全国人大代表、中华全国中医学会副会长、北京市伊斯兰教协会副主任、我国著名皮外科回族老中医赵炳南因肾功能衰竭于1984年7月6日晚辞世，享年85岁。赵炳南丧事按照伊斯兰教礼仪及其生前所嘱从简办理。卫生部原部长担任赵炳南治丧委员会主任，追悼会开得肃穆庄严。

赵炳南逝世已经20多年了，时光易逝，怀念依旧。他的学生杨惠敏主任医师深情地说："假如现在年轻人问我，赵老在我心中是什么样子，我会说在我心中，赵老就是李时珍。"他的学生钱文燕主任医师则这样描述："赵老就像一位老爷爷、老父亲，他和病人之间不像是医患关系，更像是亲人。”

一位在西交民巷社区工作的小伙子说：“我没见过赵老，8年前才来到社区。我对赵老的了解都是从周边居民那里听闻得来的。只要提到赵炳南三个字，都赞扬他医德好。这让我懂得了什么是有口皆碑。老人们讲，这里曾经有他的诊所，有他的药房，有配药的地方，有晒药的地方。他开医馆那时候，这儿是非常繁华的地方，病人排着队看病。外地远道儿来的，拿着铺盖卷沿街席地而坐，身上可能根本没有钱，赵老依然给看好病，临走时还要送一点盘缠。赵老虽然故去20多年了，至今社区的居民依然很怀念他。赵老给这个地区留下了一笔宝贵的精神财富，互助友爱成了大家的共识。”

赵炳南生前每年都收到各地的大量来信，寄信者不少是有志于学习中医的青年人，希望能聆听到这位德高望重前辈的指教。赵炳南83岁那年，曾经对后学者提出过五点希望。这五点希望是：

（一）熟读王叔和，不如临证多。书不可不读，对于一些中医经典医籍，不但要读，有的还要求能背，但希望同志们不要钻进书堆里出不来。要重视临床，多认证、多实践。我年轻时，根本不知道累，上午看病百余人，下午出诊，晚上睡在医馆，整天和病人打交道。以后虽说年岁大了，也坚持门诊，坚持会诊，从不脱离临床。只有见得多，认证准，才能辨析识病严谨，立法遣药切中，对疑难大症做到心中有数。

（二）寻师认能，博采众方。要善于学习，不仅向书本学，向老师学，还要向病人学，向民间学。我自己的经验中，有很多是向别人学来的。比如熏药疗法是在我早年行医时，看见一位老太太用草纸燃烟熏治顽癣（神经性皮炎），引起了我的注意。查阅古书中也有类似的记载。于是我加以改革，临床治疗很多皮外科疾患，取得很好疗效。又如，一位患头面部白驳风（白癜风）的患者，同时伴有头皮瘙痒、脱屑、头油多。我让他用透骨草煎水洗疗。数天后，白驳风如旧，但洗头却收到了意想不到的去油止痒的效果。我从病人主诉中受到启发，以后拟定了透骨草洗方专以治疗脂溢性脱发病。

（三）千年的字会说话。要善于保存、总结临床资料，日积月累，相当可观。不要忽视只言片纸，有了新的思路，要及时记录在案。俗话讲“好记性不如烂笔头”，文字比记忆更加可靠。至今，我还存有一些20年代的资料，闲暇时翻阅一下当时治好病人的感谢证明书，对回忆病例颇为有益。

（四）慢走强过站。古语讲：“学如逆水行舟，不进则退。”做学问要持之以恒，不怕慢，就怕站。停滞不前，满足于现成的经验，必将一事无成。我常给青年人讲龟兔赛跑的故事，勉励他们不断长足，有所进步。

（五）宁可会而不用，不可用而不会。俗话讲：“艺不压身。”凡有用的知识，都要用心学，现在不用，以后可能有它的用场。希望年轻人珍惜大好时光，多学一些有益的知识，多掌握一些操作技巧。

赵炳南一生谦虚俭朴，乐善好施，垂范后世，令人敬仰。在他身上突出地展现了中华民族自强不息的精神。他那高尚的道德情操、无私的奉献精神和卓越不凡的成就，激励着越来越多的后学者为中医药事业竭诚奋斗！

（撰稿人　李学燕　赵恩道）

《中华中医昆仑》丛书150位医家名录

（按生年排序）

张锡纯	丁甘仁	萧龙友	王朴诚	恽铁樵
曹炳章	冉雪峰	谢　观	施今墨	汪逢春
孔伯华	黄竹斋	吴佩衡	蒲辅周	陈邦贤
李翰卿	李斯炽	姚国美	陆渊雷	张泽生
时逸人	张梦侬	叶橘泉	王聘贤	陈慎吾
邹云翔	赵炳南	承淡安	余无言	刘惠民
岳美中	沈仲圭	秦伯未	赵锡武	韦文贵
程门雪	黄文东	赵心波	董廷瑶	吴考槃
章次公	石筱山	陆南山	张赞臣	李聪甫
刘绍武	陈存仁	朱仁康	陆瘦燕	姜春华
韩百灵	高仲山	李克绍	王鹏飞	刘春圃
金寿山	哈荔田	何世英	周凤梧	干祖望
关幼波	王为兰	任应秋	罗元恺	祝谌予
杨医亚	郭士魁	何时希	耿鉴庭	俞慎初

裘沛然	顾伯华	江育仁	邓铁涛	门纯德
刘渡舟	尚天裕	朱良春	李玉奇	程士德
尚志钧	赵绍琴	董建华	米伯让	李辅仁
张珍玉	班秀文	颜正华	于己百	颜德馨
路志正	方药中	王乐匋	黄星垣	谢海洲
余桂清	何　任	王子瑜	程莘农	陈彤云
焦树德	张作舟	张　琪	李寿山	张镜人
王绵之	方和谦	印会河	王玉川	蔡小荪
李振华	马继兴	王嘉麟	宋祚民	刘弼臣
王雪苔	刘志明	吴咸中	李今庸	任继学
裴学义	王宝恩	周霭祥	贺普仁	唐由之
赵冠英	许润三	金世元	陆广莘	刘柏龄
徐景藩	吉良晨	吴定寰	沈自尹	王孝涛
张灿玾	周仲瑛	强巴赤列	张代钊	李经纬
郭维淮	柴松岩	苏荣扎布	陈可冀	李济仁
夏桂成	郭子光	巴黑·玉素甫	张学文	陈介甫